PENSÉES

DE

LOUIS XIV.

PENSÉES

DE

LOUIS XIV,

EXTRAITES

DE SES OUVRAGES ET DE SES LETTRES MANUSCRITES.

Ses paroles toujours nobles et précises, sont l'image de la justesse qui règne dans ses pensées.

BOSSUET.

PARIS,
IMPRIMERIE DE FIRMIN DIDOT,
IMPRIMEUR DU ROI ET DE L'INSTITUT,
RUE JACOB, N° 24.

1827.

PENSÉES

DE

LOUIS XIV,

EXTRAITES

DE SES OUVRAGES ET DE SES LETTRES MANUSCRITES.

La première partie de la politique est celle qui nous enseigne à bien servir Dieu. La soumission que nous avons pour lui, est la plus belle leçon que nous puissions donner de celle qui nous est due.... Après ce qu'il a fait pour nous, notre dignité se relève par tous les devoirs que nous lui rendons.

Choisir de bons sujets et maintenir la règle, voilà la science de tout bon gouvernement.

---

n'y a rien qui puisse faire en peu de temps de si grands effets que la bonne ou la mauvaise réputation des princes.

Il faut beaucoup de lumières pour savoir discerner au vrai ceux qui nous flattent d'avec ceux qui nous admirent.

Il est de la gloire d'un prince de surmonter généreusement les difficultés qu'il ne peut honnêtement éviter.

Toute la réputation des grands hommes ne se forme pas de grandes actions : les plus communes sont celles qui se font le plus souvent; et comme on les croit les moins étudiées, c'est sur elles que l'on pense juger plus certainement nos véritables inclinations. Dans le démêlé des moindres affaires, il se rencontre un certain point d'honnêteté qui, lorsqu'il est observé dans toute sa justesse, n'est pas moins à priser que les plus brillantes vertus.

L'assujettissement qui met le souverain dans la nécessité de prendre la loi de ses peuples, est la dernière calamité où puisse tomber une personne de notre rang.

Ce qui fait la grandeur et la majesté des rois, n'est pas tant le sceptre qu'ils portent que la manière de le porter.

C'est pervertir l'ordre des choses que d'attribuer les résolutions aux sujets et la déférence au souverain: c'est à la tête seule qu'il appartient de délibérer et de résoudre, et toutes les fonctions des autres membres ne consistent que dans l'exécution des commandemens qui leur sont donnés.

Il faut qu'un prince se rende maître de ses ressentimens dans ces occasions où l'on peut à son choix dissimuler ou relever. Il ne faut pas tant appliquer notre esprit à considérer les circonstances du tort que nous pensons avoir reçu, qu'à peser les conjonctures du temps où nous sommes.

Aimer l'argent pour l'amour de

lui-même, est une passion dont les belles ames ne sont pas capables; elles ne le considèrent jamais comme l'objet de leurs désirs, mais seulement comme un instrument nécessaire à l'exécution de leurs desseins.

La reconnoissance des biens reçus est une des qualités les plus inséparables d'une ame bien née.

Il n'y a point de doute que nous n'avons rien dont nous devions être plus jaloux que de cette prééminence qui fait la principale beauté de la place que nous tenons. Il n'y va pas seulement de notre propre intérêt; c'est un bien dont nous sommes comptables au public et à nos successeurs, nous n'en pouvons pas disposer comme bon nous semble, et nous ne devons point douter qu'il ne soit du nombre de ces droits de la couronne qui ne peuvent être valablement aliénés. Ceux-là s'abusent lourdement, qui s'imaginent que les prétentions des rangs ne soient que des affaires de cérémonie; les peuples sur qui nous régnons, ne peuvent pas pénétrer le fond des affaires, réglant d'ordinaire leurs jugemens sur ce qu'ils voient au dehors ; et c'est le plus souvent sur les préférences et les rangs qu'ils mesurent leurs respects et leur obéissance.

Une ame généreuse doit avoir toute satisfaction en elle-même, quand elle a contenté sa propre vertu.

La probité ou bonne foi a des caractères particuliers qui la font reconnoître par les moins éclairés, et des charmes puissans qui la font aimer par toute la terre. Le monde, tout corrompu qu'il est, a conservé tant de vénération pour cette vertu, que ceux qui ont le moins de pente à la pratiquer, sont obligés à la contrefaire pour n'être pas absolument bannis de toutes sociétés. C'est la seule vertu dont les hommes se piquent généralement en toutes rencontres.

C'est un avantage fort grand et fort

singulier, de pouvoir trouver notre satisfaction dans les choses qui servent à notre grandeur, et de savoir par étude nous faire une espèce de plaisir de la nécessité de notre ministère.

Peut-être qu'il y a beaucoup de bons sujets qui seroient de mauvais princes : il est bien plus facile d'obéir à son supérieur, que de se commander à soi-même; et quand on peut tout ce que l'on veut, il n'est pas aisé de ne vouloir que ce que l'on doit.

L'ardeur que l'on a pour la gloire, n'est point de ces foibles passions qui se ralentissent par la possession ; ses faveurs ne s'obtiennent jamais qu'avec effort ; elles ne donnent aussi jamais de dégoût ; et quiconque se peut passer d'en souhaiter de nouvelles, est indigne de toutes celles qu'il a reçues.

Il est naturel aux sujets d'imiter

leur monarque en tout ce qu'ils peuvent; mais il n'est rien en quoi ils suivent plus facilement son exemple, qu'en la négligence qu'il a pour ses propres intérêts.

Il ne faut pas se promettre, quelque habiles que nous soyons, de pouvoir corriger cette pente naturelle qu'ont tous les hommes à chercher leur propre intérêt; mais il sera toujours assez glorieux pour nous, quand nous aurons fait en sorte qu'ils ne le puissent plus trouver que dans la pratique des choses honnêtes, dans le mérite des belles actions, et dans l'observation des lois de la profession qu'ils ont embrassée.

Celui qui aura des états, et qui entendra ses affaires, ne manquera pas de s'apercevoir que tout ce qu'il laisse prendre sur ses peuples en quelque manière que ce puisse être, ne se prend jamais qu'à ses dépens.

Il ne faut pas juger de l'équité d'une prétention par l'empressem avec lequel elle est appuyée; au contraire, les demandes les moins raisonnables se poursuivent d'ordinaire plus chaudement que les plus légitimes, parce que la passion et l'intérêt ont naturellement plus d'impétuosité que la raison.

Un sage monarque doit toujours considérer les suites de la chose demandée plus que le mérite de la personne qui demande; parce que le bien général lui doit être plus cher que la satisfaction des particuliers, et qu'il n'y a point d'état si puissant au monde qui ne fût bientôt renversé, si celui qui le gouverne étoit résolu de donner aux gens de mérite.

L'imprudence attire presque toujours à sa suite le repentir et la mauvaise foi; il est difficile d'observer fidèlement ce qu'on a promis mal à propos; et toute personne qui peut s'engager sans raison, devient tôt ou tard capable de se rétracter sans honte.

Ce ne sont pas les bons conseils ou les bons conseillers qui donnent la prudence au prince, mais c'est la prudence du prince qui seule forme de bons ministres, et produit tous les bons conseils qui lui sont donnés.

Il n'y a rien qui rende la fortune d'un prince plus stable et moins changeante que l'habitude qu'il prend de changer, suivant les conjonctures, de discours, de visage, de contenance et de mouvement. La constance ne consiste pas à faire toujours les mêmes choses, mais à faire toujours les choses qui tendent à la même fin.

Quiconque se vante trop tôt de l'avenir, quoi qu'il fasse après de louable, dérobe du moins à son action la grace de la nouveauté; parce que le monde, préparé par le discours, ne sauroit plus être surpris par les effets.

Quand il y a un parti sûr à prendre dans une affaire, c'est toujours mal fait d'en prendre un hasardeux.

Je crois que ce seroit une question fort difficile à décider ; savoir, si dans la conduite ordinaire des hommes, l'espérance produit plus de bien que de mal.

On dit que les rois ont les mains longues ; mais il est important qu'ils aient la vue longue aussi, et qu'ils prévoient les affaires long-temps avant qu'elles puissent arriver ; car, soit que les choses se fassent par nos ordres, soit qu'elles arrivent malgré nous, il est également avantageux de les avoir observées de bonne heure. Ce qui doit partir de nous est plus achevé, quand nous avons eu le temps de le méditer; et ce qui vient de nos ennemis est beaucoup affoibli, quand nous avons pu nous préparer à leur faire résistance.

On doit pardonner à la foiblesse des esprits médiocres, s'ils ne pensent pas à l'avenir, parce qu'ils ne sont déja que trop occupés par les soins du présent; mais les génies plus vastes et plus élevés auxquels la direction de leurs affaires ordinaires ne peut passer que pour une occupation sans efforts, doivent se servir du temps qu'ils ont de reste, pour jeter sans cesse les yeux devant eux, parce qu'ainsi découvrant les objets de plus loin que les autres, ils ont plus de loisir à penser comment ils doivent les recevoir, et ne se trouvent jamais réduits à la malheureuse nécessité de prendre des résolutions précipitées.

Il faut maintenir autant qu'il se

peut l'autorité de ceux qui commandent, contre ceux qui, par cabale ou par sédition, s'efforcent de se tirer de leur puissance. Les affaires, soit politiques, soit privées, ne s'entretiennent dans leur cours ordinaire, que par cette générale subordination des différentes personnes dont un état est composé.

Il est injuste de tolérer l'oppression des foibles; mais il est périlleux de soutenir l'audace des mutins. Un inférieur à qui son supérieur fait violence, doit trouver dans la supériorité des rois un refuge toujours assuré; mais ceux qui, par la seule espérance de se faire valoir, se mêlent de ce qui n'est pas à leur portée, ou veulent affoiblir la réputation de leurs supérieurs, doivent rencontrer en nous du mépris et des châtimens, plutôt que de l'accueil et des récompenses.

Je sais bien qu'il s'est trouvé des princes qui n'ont pas été dans ces sentimens, et qui même ont pris plaisir à porter en secret des gens de basse condition, contre des supérieurs de qui ils dépendoient : prétendant sans doute tirer de ces esprits intéressés, des lumières utiles à leur service. Mais outre que je tiens cette voie trop basse pour des ames élevées, je suis persuadé de plus, qu'elle ne réussit que rarement.

Je n'ai jamais pensé que l'on dût tenir pour une bonne maxime, celle qui met le principal art de régner, à jeter la division et le désordre partout.

Dieu nous a donné la raison et la prudence, pour nous aider à faire un bon usage de tous les autres présens qu'il nous a faits. Un prince qui, manquant de tête ou de cœur, ne sait ni se conduire soi-même ni gouverner les autres, seroit peut-être aussi facilement déconcerté par une mutinerie de paysans, que par la révolte de ses meilleures villes. Au lieu que celui qui a de la sagesse et de la vigueur, se possède également dans les plus grands périls et dans les moindres; et souvent même par la seule force de son nom, s'épargne la peine de dompter les soulèvemens, parce qu'il les empêche de naître; il ne trouve dans son état aucune différence entre les plus foibles et les plus puissans, parce que tous ont la même soumission pour lui, et il ne sauroit jamais voir, ni ses villes trop riches, ni ses provinces trop peuplées, parce qu'il sait l'art de faire servir et le nombre et l'opulence de ses sujets, à la gloire et au bien de son royaume.

Il n'est rien si nécessaire aux hommes qui travaillent aux affaires, que de savoir, au vrai, ce qui se fait dans tous les lieux où ils peuvent avoir des intérêts. Tout homme qui est mal informé, ne peut s'empêcher de mal raisonner; et si l'on veut rechercher dans les siècles passés toutes les fautes remarquables que l'on impute aux souverains, à peine en trouverez-vous une seule qui ne soit rapportée au défaut d'avoir su quelque chose qu'ils devoient savoir : d'où il arrive que parmi les hommes en général, il n'est point de façon plus commune de s'excuser de quelque manquement que ce puisse être, que de dire : je ne savois pas, je ne pensois pas.

C'est une maxime dont les grands capitaines conviennent maintenant, qu'il se gagne beaucoup plus de batailles par le bon ordre et la bonne contenance, que par les coups d'épée et de mousquet.

C'est aux hommes du commun à borner leur application dans ce qui leur est utile ou agréable; mais les princes, dans tous leurs conseils, doivent avoir pour première vue d'examiner ce qui peut leur donner ou ôter l'applaudissement public.

Il n'est rien de plus important et de plus difficile au prince, que de savoir combien et jusqu'où il doit estimer sa propre opinion.

Il ne faut pas toujours s'alarmer des mauvais discours du vulgaire : ces bruits qui s'élèvent avec tumulte, se détruisent bientôt par la raison, et font place aux sentimens des sages, qui, reconnus enfin pour vrais du peuple même, fondent, par consentement universel, la solide et durable réputation.

Jamais un habile général ne doit

entreprendre une affaire de durée, sans avoir examiné par lui-même d'où il tirera toutes les choses nécessaires pour la subsistance des gens qu'il conduit. Dans les autres désastres qui peuvent ruiner une armée, on peut presque toujours accuser ou la lâcheté des soldats, ou la malignité de la fortune; mais dans le manquement de vivres, la prévoyance du général est la seule à qui l'on s'en prend : car, comme le soldat doit à celui qui commande l'obéissance et la soumission, le commandant doit à ses troupes la précaution et le soin de leur subsistance; c'est même une espèce d'inhumanité, que de mettre d'honnêtes gens dans un danger dont leur valeur ne les peut garantir, et où ils ne peuvent se consoler de leur mort par l'espérance d'aucune gloire.

Le plus sûr chemin de la gloire, est toujours celui que montre la raison.

Les rois doivent apprendre à ne

pas laisser trop agrandir leurs créatures, parce qu'il arrive presque toujours qu'après les avoir élevées avec emportement, ils sont obligés de les abandonner avec foiblesse, ou de les soutenir avec danger; car pour l'ordinaire ce ne sont pas des princes fort autorisés ou fort habiles, qui souffrent ces monstrueuses élévations.

Un roi doit toujours savoir ses affaires à fond, parce que lorsqu'il ne les sait pas, il dépend de ceux qui le servent, et ne peut bien souvent se défendre de consentir à ce qui leur plaît.

C'est une des grandes erreurs où puisse tomber un prince, de penser que ses défauts demeurent cachés, ni qu'on se porte à les excuser.

Ce n'est pas en matières de traités qu'il faut se piquer de diligence; celui qui veut y aller trop vite est sujet à faire bien des faux pas. Il n'importe point en quel temps, mais à quelles conditions une négociation se termine. Il vaut bien mieux achever plus tard ses affaires, que de les ruiner par trop de précipitation; nous retardons par notre impatience ce que nous avions voulu trop avancer.

J'estime qu'il n'y a rien de plus satisfaisant que de pouvoir faire du bien avec justice.

On sait bien que nous ne pouvons pas faire tout, mais nous devons donner ordre que tout soit bien fait, et ce résultat dépend principalement du choix de ceux que nous employons. Dans un grand état, il y a toujours des gens propres à toutes choses, et la seule question est de les connoître et de les mettre en leur place.

Il se rencontre d'ordinaire des difficultés dans les grandes choses; mais si elles donnent de la peine, on en est bien récompensé dans la suite. Un cœur bien élevé est difficile à contenter, et ne peut être pleinement satisfait que par la gloire.

On ne sauroit prendre trop de précautions pour réussir dans les desseins où il y a de la gloire et de la réputation à acquérir. Quand on a ces deux objets devant les yeux : on ne sent ni fatigues ni peines, et l'on travaille avec plaisir à tout ce qui est *nécessaire*; il faut aller plus loin, pour se mettre à couvert des accidens imprévus.

Quand un roi a l'état en vue, il travaille pour lui; le bien de l'un fait la gloire de l'autre.

Rien n'est si dangereux que la foiblesse, de quelque nature qu'elle soit; pour commander aux autres, il faut s'élever au-dessus d'eux.

Le métier de roi est grand, noble, flatteur, quand on se sent digne de bien s'acquitter de toutes les choses auxquelles il engage; mais il n'est pas exempt de peines, de fatigues, d'inquiétudes. L'incertitude désespère quelquefois; il y a des points délicats qu'il est difficile de démêler; on a des idées confuses. Tant que cela est, on peut demeurer sans se déterminer; mais dès que l'on se fixe l'esprit à quelque chose et qu'on croit voir le meilleur parti, il le faut prendre.

Le ressentiment ne doit paroître que quand le bien de l'état le demande; il faut l'éteindre ou le témoigner, suivant les circonstances;

si l'effet ne suit immédiatement les menaces, elles sont inutiles.

La fonction des rois consiste à laisser agir le bon sens, qui agit toujours naturellement sans peine.

L'utilité sied toujours au roi : quelque éclairés et quelque habiles que soient ses ministres, il ne porte pas la main à l'ouvrage sans qu'il y paroisse.

L'art de connoître les hommes se peut apprendre, mais ne se peut enseigner.

La décision a besoin d'un esprit de maître.

Les rois dans leur conduite sont bien plus malheureux que les autres hommes, puisque leurs cœurs ne sont pas exposés aux yeux de leurs sujets, comme sont toutes leurs actions, dont ils ne jugent la plupart du temps que selon leurs intérêts et leurs passions, et presque jamais selon l'équité.

Quand après avoir songé au bien

de mon état, je trouve l'occasion d'en faire à mes sujets particuliers, je confesse que je sens véritablement le plaisir d'être roi.

La vérité est toujours bien reçue, quand on me l'apporte avec respect et sans passion.

Une valeur brutale qui ne sait que mépriser la vie, n'est pas celle d'un honnête homme ni d'un roi : il faut que ce soit l'honneur et le bien public qui nous portent dans le danger, autant que le mépris de la mort; et nous ne pouvons rechercher de la gloire aux dépens du bonheur général de nos sujets.

J'ai voulu agir dans la guerre, comme j'ai fait dans le gouvernement de mon royaume, en ne me reposant de ma réputation sur personne que sur moi-même.

L'union est bien difficile à des gens qui ont des intérêts séparés quoiqu'ils paroissent n'avoir que le même à soutenir. L'autorité partagée n'est jamais si forte que quand elle est réunie en une seule personne.

Il est utile de converser avec les hommes : en parlant de nos affaires, nous n'apprenons pas seulement beaucoup d'autrui, mais aussi de nous-même ; l'esprit achève ses propres pensées en les mettant au dehors, au lieu qu'il les gardoit auparavant, confuses, imparfaites, ébauchées ; l'entretien qui l'excite et qui l'échauffe, le porte insensiblement d'objet en objet, plus loin que n'auroit fait la méditation solitaire ou muette, et lui ouvre par les difficultés même qu'on lui oppose, mille nouveaux expédiens.

Cette douceur qu'on se figure dans la vengeance, n'est presque pas faite pour nous. Elle ne peut flatter que ceux dont le pouvoir est en doute.

L'artifice se dément toujours et ne produit pas long-temps les mêmes effets que la vérité.

La plupart des princes, parce qu'ils ont un grand nombre de serviteurs et de sujets, croient n'être obligés de se donner aucune peine, et ne considèrent pas que s'ils ont une infinité de gens qui travaillent sous leurs ordres, ils en ont infiniment davantage qui se reposent sur leur conduite, et qu'il faut beaucoup travailler, pour empêcher seulement que ceux qui agissent ne fassent rien que ce qu'ils doivent faire, et que ceux qui se reposent ne souffrent rien que ce qu'ils doivent souffrir.

Toutes ces différentes conditions dont le monde est composé, ne sont unies les unes aux autres que par un commerce de devoirs réciproques. Ces obéissances, et ces respects que nous recevons de nos sujets, ne sont pas un don gratuit qu'ils nous font; mais un échange avec la justice et la protection qu'ils prétendent de nous. Comme ils nous doivent honorer, nous les devons conserver et défendre; et ces dettes dont nous sommes chargés envers eux, sont même d'une obligation plus indispensable que celles dont ils sont tenus envers nous : car enfin, si l'un d'eux manque d'adresse ou de volonté pour exécuter ce que nous lui commandons, mille autres se présentent pour remplir sa place ; au lieu que l'emploi de souverain ne peut être bien rempli que par le souverain même.

FIN.

www.ingramcontent.com/pod-product-compliance
Ingram Content Group UK Ltd.
Pitfield, Milton Keynes, MK11 3LW, UK
UKHW020404220726
13923UKWH00004B/1740